JN410929

삶은 꽃이다

노명희 시집

인지
생략

들꽃시선 145
삶은 꽃이다

지은이/노명희
펴낸이/문창길
초판인쇄/2021년 12월 20일
초판펴냄/2021년 12월 25일
펴낸곳/도서출판 들꽃
주 소/100-273 서울 중구 서애로 27(필동3가) 서울캐피탈빌딩 B202호
전 화/02)2267-6833, 2273-1506
팩 스/02)2268-7067
출판등록/제2-0313호
E-mail:dlkot108@hanmail.net

값 10,000원
* 파본된 책은 바꾸어 드립니다.

ISBN 978-89-6143-219-1 03810

들꽃시선 144

삶은 꽃이다

노명희 시집

| 자서 |

어린 둘째 아이를 등에 업고 시 아카데미에 참석한 것이 엊그제 같은 데 벌써 수십여 년이 흘렀습니다. 그 당시 문우들이 동인지를 만들 때 참석하지 못하고 세월만 보내다 이렇게 늦어버린 것에 후회가 많습니다. 어느 해건 사계절을 제대로 느껴 보기도 전에 쓰나미처럼 밀려온 풍파에 점점 시어를 잃어가는 저를 안타까워하던 큰아이가 시 쓰기를 권하여 늦게나마 등단을 하게 되었고, 아이들의 격려에 힘입어 드디어 첫 시집을 내게 되었습니다. 감성도 무디어진 노년에 제 속을 내보여도 될지 막연한 두려움과 민망함 속에서도 용기를 내어 보았습니다.

특히 문창길 대표님의 격려 말씀과 큰 도움에 힘입어 마무리할 수 있게 되었습니다. 또한 편집위원님들과 해설해주신 박부민 선생님의 노고에 진심으로 감사드립니다.

끝으로 삶 전체가 미숙했던 엄마를 지금껏 지탱해준 두 아이와 가족 모두에게 사랑과 고마움을 전하며 이글을 마치려 합니다.

2021년 12월 겨울에

노명희

차례

제1부 인연

제2부 마른 동백

제3부 숨어 있는 봄

제4부 한 사람의 힘

제5부 지구의 경고

제1부 인연

인연 · 1

어디서 온 인연일까
바람 불어 날아 온 꽃 이파리
품에 꼬옥 안고 내놓기 싫어
돌아서는 순간마다 아쉬움 쌓여
가슴 무너지는 열병을 앓는다

내가 다가가 보듬을 수도 없고
내 맘 아리다고 낚아 올 수도 없는
가깝고도 먼 인연
가녀린 목울대를 아프게 한다.

인연 · 2

자는 듯이 죽었으면
살얼음판 걷던 나날에
훌쩍 날아든 기러기
창가에 두고 봐도 아름다워
이젠 살아가는 힘이 되었네

본디 자유로운 존재였기에
내 안에 가둘 순 없어
하루에 깃털 하나 남겨 주면
흔적만으로 행복하련만
기다림이 길어질수록
그리운 가슴에 빗물 고인다.

인연 · 3

가랑비 살포시 옷 적실 때
저 하늘 구름 산자락을 휘감고
하늘 가득 메운 실루엣은 당신의 미소

청푸른 저 산에도 그대 얼굴 떠 있고
인어 노는 연못에도 고운 모습 지나가고
서 있는 자리마다 당신으로 휩싸여

빗줄기 거세어 저 산을 두고 와도
그 따스한 손길 내 뒤를 따라오고
깜빡 조는 사이에도 숨결 가깝네

삼세 겁 돌아 인연 줄 엮었으니
혼이라도 내놓지 않고
뼛속까지 그대를 묻으리.

아프로디테

회색 콘크리트
무채색의 빌딩 숲에도
신화가 생긴다

우연히 다가온
환생한 아도니스
푸른 눈 맑은 숨결

그로하여 삶의 의미가 열리고
기쁨의 세포 풍성하지만
내게 준 가장 큰 선물은
사랑의 신화
나 무슨 행운으로
그대 받드는 여신이 되었을까

밤마다 그대 나라 흠모해
에게해 헤엄쳐도
닿을 수 없는 세계

부서져 물보라 되어도
세상 어디에도 없는 케미
천상까지 영원하리.

만월滿月의 사랑

삭망월朔望月 한 달을
너와 함께 우주 여행하고
보름달엔 더 경이로운 축복으로
사랑을 보낸다
우리 둘은 아주 옛날
신화 속의 후예들

어쩌다 달빛 속에 맺은 인연
푸른 전설 생각하며
건강한 영육에 전율 흐르고
먹지 않아도 사는 신들처럼
엠브로시아 음료는
사랑으로 만드는 것
이대로 시간이 멈추어도 좋으리
요즈음도 만월 보며 맹세하고
사랑 키운다.

별꽃 사랑

어느 별에서 왔을까
별 세계인 듯 꿈 세계인 듯
온몸을 진동시킨
진주 같은 사랑 약속들
바라는 모든 것 다 말해
버킷 리스트 다 해 줄게

세계를 두루두루 노래로 살자
니노래 내노래 황금실 엮어
별 나라에 보내자
지구를 찾아온 별사랑 하나
슬픈 한 사람을 들었다 놓은
회오리 같던 번개 사랑

어느 별로 갔을까
폭포 같던 사랑의 추억
휴지처럼 던져 버리고
상처만 남기고 떠나간 사람

별 하나에 살갑던 손길 실어 보내고
별 둘에 가슴 저린 사랑 태워 보내고
캄캄한 하늘엔 별 없다 억지 외면하며
하나뿐인 별을 강바닥에 묻는다
꿈 같던 별꽃 사랑.

그리움

태산만큼 보고 싶으면 어찌합니까
하늘만큼 그립고
바다만큼 안고 싶으면 어이 할까요
그런 날이 오고 말 것이라면
지금 사라지는 게 낫겠지요
지척에 있어도 수시로 볼 수 없는데
어쩌자고 멀리 갑니까

사랑 있어 사는 의미 있고
사랑 주는 사람 있어 꿈 있는데
평생 의지하리란 희망이 무너지니
전신이 벼락맞은 듯 합니다
믿으란 말은 다 부질없는 변명
이별이 차라리 낫겠습니다
이승에서 끝까지 갈 수 없다면
다음 생에서 만나자 위로하렵니다.

노을

너는 내게 눈물이구나
언젠가 견우직녀처럼 만나 볼까했는데
무슨 맘으로 소식을 보낸거니
반가움이 크지만 눈물만 나더구나
나 옛날부터 울보잖아
이 나이 돼서도 여전 눈이 무르네

인생이란 살아내야 하는 것이고
그러자니 고달픈 생활에 휘둘리고
어쩌다 보니 소식이 끊긴거겠지
네가 소식을 보낸 걸 보면
말 못 할 슬픔이 큰 게야
곧 어둠이 내리면
강변에 내려와 손이라도 잡아 보자.

석양

어제 저녁
네가 나를 방문했더라

부엌서 일하는 나를 불러내느라
그렇게도 얼굴이 벌겋도록 애를 썼구나

그저 무언가에 끌려 거실로 나오니
지척에 네가 빨간 얼굴로 둥그러니 매달렸더라

내게 가까이는 못오고
잘 있는지 보러 왔구나

기두리는 사람이 있어 곧 돌아간다며
조금씩 어둠에 묻혀 가는 너

내일도 모레도 널 기다릴테니
너 여기 다녀갔노라
흔적이나 남겨 주려마.

북극 여인

워낙 귀한 햇살이라
날마다 태양을 기다리며
지나간 시간의 찬 서리를
잊으려 한다

하마나 오려나 한숨 길어지고
따스한 가슴은 얼음이 되어
도무지 모르는 영문에
간장이 녹는다

누군들 혹한의 이 곳에
태어나고 싶겠는가

일생의 태양을 그리다
차가운 눈더미에 묻힌다.

사라진 초원

초록 빛 젊음의 별
무지개 꿈 따라
달려갈 수 있네
혼자 보다 둘이 낫다고
확실치 않은 기대만으로
허망하게 초원을 잃어버렸네

누가 유혹하던
무슨 어려움이 있던
꿈을 향해 갔어야지
누구나 하고 모두가 겪는
그 뻔한 혼인을 왜 덜컥했나
둘은 절대로 하나가 아닌 걸
오히려 내 힘을 빼앗기고
허우적 대는 현실을 헤쳐갈 뿐

눈앞에 보이던 초원은
해무리가 만든 신기루였나

해마다 찬란하게 오는 초원을
수십 번 맥없이 보내고
백발이 부끄러운 지경에도
수백 번의 후회를 왜 또 하나
죽는 날까지 가보지 못한 곳
청춘의 희망 초원의 꿈이여.

봄 앓이

잊자 잊어버리자
아니다 잊고 나서 이 봄을 어찌 살랴
유행가 가사처럼
손끝마다 사랑 눈 달려있고
호수로 잠기게 하던 입맞춤
구름 위를 걸으며 웃다가
절로 오르는 홍조(紅潮)가 멋적다

그냥 두어야 더 빛날 인연
스친 바람으로 보내야 할 텐데
도무지 보내고 나면 삭막한 겨울
봄바람이라도 잡아 꽃을 피울까
바싹 다가서지도 싹둑 자르지도 못하는
미련한 심사가 미웁다.

친가 외가

외조부모 모시고 산다고
친조모 들이 닥치신다
아드님 처가살이 때는
한 번도 안 오시고
아들이 큰 집 장만하니
아들 부양 당연히 받아야지
삼시 세끼 부엌 일은
엄마 외조모 손녀의 몫
삼남매 다 받아 키우셨는데
골방으로 밀려나신 외조부모님
그 방의 서너 배나 큰 안방을
두 분한테 양보한다 해서
무슨 위신이 깍일거라고
친가 외가에 대한 어이없는 불평등
유교적 반가 친외가 핑계
손자녀 다 키운 외가를 홀대하다니
밖을 뜻하는 外자를 없애고
父家, 母家로 바꾼다 하여

질서가 사라질 것도 아니고
아무튼 나는 母家의 삶에서
9할의 애정을 받고 살았소.

어머니

커다란 대문에
삼베 적삼 긴 앞 치마로
장승처럼 서 계신 어머니
모든 걸 다 놔버린
속세를 떠난 말간 눈망울로
언제나 그 자리
하염없는 눈길이 서럽다

말없이 들어서는 아들
왜 나왔냐 퉁명스런 남편
왜 저리 사나 볼멘 딸
무표정한 할머니 할아버지

엄마가 없으면 돌아올 곳도 없건만
이쁜 빈말 하나 없다
고용 받지도 고용하지도 않은
운명적 둥지를 꽁꽁 싸안고
단아한 몸을 아낌없이 혹사한다

엄마 제발 가족만 지키지 마세요
장승된 사랑 아무도 몰라요

자식 기른 후에야
가족만 챙긴 엄마의 맘 알지만
너무 늦어버린 이해와 변명
저 하늘 대문에서도
돌처럼 기다리실 어머니
정말 미안하고 감사합니다.

자식子息

해외 취업이란 설득에
부랴부랴 한 혼인
준비도 예상도 못한 임신
홀로 놀라 당황스러운데
멀리 있는 남편 무심하니
여자의 일생이
결혼으로 뒤바껴 요동친다

배냇저고리 만들며
눈물 훔치던 나날
복된 사람되기를 기도하며
외가 도움으로 나고 자란
어미 가슴의 진주된 인연
시시때때 애끓는 눈물
희망을 꿈꾸노니

대견한 사회인이 고맙고
멀 때나 가까울 때나

어미 속에 박힌 진주
늙어 갈수록 광채 여물어
어미 속을 빛내네.

포도주

올해는 늦었나 싶어
종종걸음으로 사와
알알이 씻어 채반에 널고
한밤을 재운다
새까만 눈망울
영락없는 아가들
맑은 눈동자

포도 한 상자 못 사던 시절이
엊그제 같은데
몇 상자 사다 술을 빚다니

이제는 멀리 있는 자식들
진한 보랏빛 한 잔에
전쟁같던 날들 녹이며
아린 상처 다독인다.

물이 되어

배신의 울분에
심장을 도려내는 고통도
물에 흘려 보내고

동생들 왈패 짓거리에도
빗물에 눈물 섞어 마시고

동행자의 악의적 사기 계획도
물벼락 씻어 던지고

자식들 목메임도
호수에 둥둥 띄워 날리고

물 아니라면 나는 없으리
생명의 시초가 물이라던가
마지막까지 물이되어
바나도 가리라.

짝사랑

학창 시절
선생님의 詩碑 앞에서
사진만 찍고 지나쳤음이
너무나 부끄럽습니다
외람되게도 늦은 나이에
시 등단을 하고서야
선생님의 시를 가슴에 품고
'한점 부끄럼 없기를 …'
기도하는 마음으로 암송하며
그리 살기를 다짐하고
많이 연모했습니다.

푸른 젊은 날
너무도 고귀한 정신을 빼앗긴
분통함은 하늘도 애달퍼합니다
맑디맑은 水原의 요정
별 헤는 빛의 정령
선생님 시어를 한 올씩 건져

영혼을 위로 합니다
어느 세상에든 저를 만나면
별 향기로 안아주세요.

제2부 마른 동백

동백꽃

한겨울이 눈부신 여인
흰 눈 내리면 더욱 강렬한 유혹
사랑스런 봉오리 벌어지면
눈 찌르듯 화려한 붉음
윤기 흐르는 풍성한 잎사귀
보색 관계의 찐사랑

추위에 무한 저장한 에너지
겨우내 뿜어내는 붉은 열정
꽃말 '누구보다 너를 사랑해'
가슴에 콕 박아놓고
푸르름 속에 빛나는 정열

어느 날 예고없는 낙화
가슴 떨어지는 충격
양손에 고이 감싸 올리니
눈물같은 화수花水 흐르고
붉은 심장 두근거린다

푸른 바다로 보낼테니
남은 사랑 평안하길.

마른 동백

발등에 떨어진
심장 같은 붉음
꽃 떨어지기 전
이불 실로 꿰맸네

가지에 달린 채
고운 빛 변하고
무더위에 검게 타
말복에 풀어 주니
붉으스레 물든 실 남기고
우수수 떨어지는 붉은 손톱

싱싱한 꽃 예고없이 떨어져도
바싹 말라 부서져도
헤어짐은 괴로움
세상만사 변함이 고苦
손끝에 바삭이던 소리만 남네.

춘설 개나리

겨우내 많이 아팠나요
치료해 줄 약이 있어요
겨우내 많이 울었나요
진정제도 있다오
언 땅속에서 많이 추웠지요
태양 열이 넘쳐요

매화 지고 목련 늘어지면
울타리 담장 넘는 자유의 꽃
우아한 꽃들처럼 뽐내진 않아도
시린 아픔 달래는 편한 정겨움

춘설 휘날리는 밤
가로등 밑 웅크린 노오란 등줄기
먼저 가신 할머니 어머니의 노년
봄눈처럼 후두둑 떨어지는 눈물
해마다 초봄에 샘솟는 꽃물은
춘설 함께 오신 두 분의 애성.

개나리 정령

똑 똑 똑
웨이컵- 웨이컵-

늘 잠이 고픈 자식들
힘들어도 공부로 다져야
험한 세상 이겨낸다고
노오란 가지 흔들어 잠을 깨워
인생을 깨운다
무한 모정의 종소리

초봄을 노크하는 첫 합창
눈보라 버거운 매질에도
꽃 피워 만물의 눈 틔우고
만인의 세포 열어준다

금빛 꽃망울 사이 그리운 어머니
아직도 모자란 자식은
눈물 밖에 드릴 게 없는데

봄마다 노란 물결 앞세우고
초점 없는 무능을 일깨우는
어머니의 무한 애정
해마다 오는 금빛 정령.

매화 꽃받침

매화 꽃 진다
하늘하늘 떨어진 바닥
하얀 꽃길 서럽다

꽃진 자리 꽃받침
주홍빛으로 변해
꽃자리 매우니
색다른 꽃 된다

꽃잎 다 날려 보내고
꽃 수술 야무지게 물고
산고의 날 기다리더니
꽃 수술 머리에 이고
파란눈의 매실 한 알
영락없는 초록 아기
산실 앞의 환호

꽃받침으로 꽃 피우고

열매도 맺으니
매화의 산실이구나.

목련

설 지나면
매끈한 가지에
쌀알 만한 잎눈 생기고
꽃씨의 포胞에 비로드 짜
따스한 햇볕에 살찌워
손가락 촛불 켠다

고운 자태로 묵상하다
봉오리 툭 툭 터져 벙글벙글
흰드레스의 우아한 여인처럼
둥글게 꽃잎 모아 천상 노래한다
황홀하게 밤낮을 밝히다
한 잎씩 뿔뿔이 떨어지면
번갯불에 탄 자국 남겨
귀태스런 자태 그립구나.

사월의 빛

저녁 찬거리를 보러 문을 나선다
낮은 언덕 길
단정히 줄지은 가로수
갑자기 다가오는 행복한 물결

두 팔을 활짝 펴
허공을 끌어당기니
가슴 가득 지중해 펼쳐지고
연그린 파도가 전신을 덮친다
노래가 절로 나오고 어깨춤 춘다
사월 마지막 날
누구와도 사랑하고 싶다

해마다 오는 봄
눈 한번 맞춰 본적 없이
너무도 무디게 살아 온 삶
몸은 지쳤어도
마음만은 그린 빛

은은한 풀 향기
억세지 않은 색채로
남은 날을 곱게 칠하리라.

아카시아 단상 · 1

5월 초순
은은하고 달콤한 향에 끌려
밖을 보니
나의 소녀가 거기 있어
아카시아 몇 송이 따
단 꿀을 퍼내는 벌이 되네

비가 오면 우산 가득
꿈같은 향기를 가두고
공주처럼 빙글빙글 돌며
하늘의 소식을 듣네

아무 걱정 없던 나의 소녀는
세상의 뻔한 大事에 따라
혼인제도에 진입해
꽃을 먹고 노래와 함께
살 줄 알았는데
수시로 불어닥친 태풍에

날벼락 맞은 초라한 신세
돌이키기엔 너무 높은 장애물
왜 소녀는 꿈꾸던대로
살아가지 못했을까.

아카시아 단상 · 2

학교 다니며 동생들 돌보고
집안 살림만 거들다
사회에 나가니 시골뜨기
세상 물정 모르는 모범생
사람 볼 줄 모르는 헛똑똑이
오랜 기다림이 사랑인 줄 알고
밀물같이 해버린 결혼
썰물되니 더욱 빈 껍질

이제 와 무얼 어쩌랴
아카시아에 취한 무지했던 소녀
맑은 시절 그리워하며
뜨거운 눈물 뿌린다
언제 다시 꺼내 볼지 모를
나의 소녀여
너의 순수를 간직하여
노년에도 그 향기 잃지 마라.

비비추

보라 꽃 무더기
슬프게 가늘고 긴 목
힘겨운 눈 못 뜨고
조롱조롱 매달린 꽃
온통 비탄 덩어리
제국에 희생된 소녀들
식민국의 애통 절통

포근한 푸른 잎들
백조 날개처럼
물속 처절한 몸부림
가녀린 목 접어 울어 댄다
생지옥 도망쳐 고향 간다고

더운 날 더욱 애잔한
누이 같은 비비추
살아도 죽어도 원수놈들
연약한 꽃이기에

정신줄 놓아버린
비통한 원한이여!

옥잠화

폭신한 초록 방석
빙 둘러 깔아 놓고
쭉 뻗은 가지 끝에
은비녀 뽑아낸다

봉긋한 은비녀 끝
꽃향기 터지면
지나는 발길 세운다

자식들 도시 갈 때마다
은비녀 하나씩 사라지고
누렇게 바랜 나무 비녀
보기 싫다며
형제들 모여 옥비녀 선물해도
끼워 쓸 머리채가 없구나

푸른 치마로 땅 덮고
염천 하늘에 향기 피우며

평탄치 못한 인생
기억에 담기 싫어
하얗게 고개 젓는다.

호접란

고운 자태 자주 보려고
현관 초입에 둔 화분
드나들며 얼굴 맞대고
하얀 코 문대며 눈인사

연분홍 다섯 꽃잎이
사다리꼴 얼굴 닮고
붉은 보라 입술
말하고 노래하고
도톰한 푸른 잎이
튼튼히 터 잡으니
반년은 거뜬히 핀다

꽃잎 하나에 일주일
한 송이는 진득이 한 달
비단 짜듯 정성스러우니
지는 꽃도 아름다워
나비가 된다.

장미와 인생

도톰한 꽃잎은 비로드 원사
활짝 핀 도도함은 원숙한 여인
사랑 고백의 대명사로
향기의 여왕으로
한창 때를 보내고
시들어 조화처럼 말라도
꽃 향기 깊어지고
겹겹이 피는 꽃잎 비밀
향을 숙성시키는 묘수
장미 향수로 빛나네

우리 인생 늙어 갈수록
잘 익은 장미 되려나
오물로 가득찬 인간
악취나는 고등동물
말린 장미의 향기가 부럽다.

코스모스 · 1

모든 꽃이 정인이 아니랴만
유독 세마 모시 같은
여리고 고운 코스모스는
내 사랑 할머니의 영혼

푸르른 가을날
분홍 물결 축제 열리면
일년내내 짜놓은
옹골진 그리움을
푸른 하늘에 푼다

피 같은 애성
코스모스 나들이로
여전히 절절하고
당신 눈물 내 눈물
얼룩진 꽃잎 쌓으면
내년을 기약하는 눈빛
연분홍 눈물로 흐른다.

코스모스 · 2

애정 철철 흐르는
할머니 사랑 물결
살아서는 도타운 손길로
네 남매 길러주시고
하늘나라 가서는
코스모스밭 일구시며
아직도 못 다준 애성

가녀린 얼굴로
내려 오시어
몸 약한 엄마 대신
우리를 보듬으러
분홍다리 타고 오셨네

다시 태어나면
깨끗한 선비를 만나
품위 있게 살고 싶다시던
바지런한 발걸음 정겹다.

억새

겨울 밋밋한 숲에
봄철인양 활활 피어
금색 덤불 휘감고
하늘 향해 음표 그린다
조용한 겨울 숲 노래자랑
바람 악기 곡조 따라
나붓나붓 세레나데

음표 하나 뽑아 꽂으면
중세 귀부인 맵시
보드란 손가락으로
흔들리며 치는 피아노
구름도 춤추고
새들도 따라하고
한들한들 세레나데.

삶은 꽃

젊음은 사랑
때 묻지 않은 믿음
눈만 봐도 가슴 뛰는
온전한 전율
너와 나만 있으면
세상은 파란 희망

그리움과 기다림이
원앙 집을 지었는데
어느 날 갑자기
신기루인양 사라지고
휘몰아치는 토네이도
사랑은 무지개였던가
무슨 힘으로 살아내나
하늘이 주신 두 송이 어린잎

세월아 흘러라 어서 자라라
어느 새 만개한 두 송이 바라보니

삶은 꽃도 가시뿐도 아닌
꽃가시 가시꽃
삶은 꽃이다.

제3부 숨어 있는 봄

숨어 있는 봄

앙칼진 화살나무
빨간 쌀 열매 달고 허공 쏘고

푸른 맥문동
겨우내 머리 풀어 눈비 막아 주고

지푸라기 한 섬 풀어 놓고
멧돼지 휘젓고 간 듯 널부러져 있는 스크렁풀

음계 맞춰 손짓하던 억새 꽃
은실 풀어 퐁실퐁실 목화실 짜고

덜꿩나무 연보라색 좁쌀
비둘기 불러 모으네

음력 정월 지나면 숲길 땅 속에서
졸린 눈 반 뜨고

나갈까 말까 고민하며
티 안나게 조금씩 변하는 숲
숨어서 일하는 봄.

새순

가까운 숲길은 행운
어디서 어디까지
목적없이 시작해
한두 바퀴 걸어 보고
숲길 흙에 코도 대보면
고향 같은 냄새

노란 눈짓에 돌아보면
조금 내민 새싹 주둥이
눈이 닿는 곳마다
연두빛 참새 입으로
'나 요깃어요'
여기저기서 바쁘게 외친다

나 어릴 때 고쟁이 입고
봄 땅 위를 한나절 뛰놀 때
저 새싹이 나를 지켜봤셨지
내가 어찌 커갈지

꼬물대는 새순이 걱정했겠지
정신없이 흘러간 세월
백발이 되어서야 다시 보니
눈물이 핑 도네.

숲길 대청소

3월 중순
숲길이 휑하다 싶더니
산더미 같은 짚 더미가 실려간다

땅 속 식물 보호하던
볏짚이불 벗겨지니
노란 맨 땅이 보얀 피부

연한 금빛 휘날리던
억새 덤불도 휙 잘려 나가고

짚수세미 같던 털수염풀
추수한 자리에 남은 상투처럼
이발하고 얌전히 앉아 있다

겨울과 봄 사이
정원사의 손에 말끔해진 숲길
봄맞이 대청소가 한창이다.

경의선 숲길

아파트와 빌딩 사이
숲길 있음이 안 믿겨
산책 나섰다
공원이 나올 것 같지 않은
계단과 엘리베이터
한 발짝씩 모험하듯 오르니
은은히 풍기는 나무 향
가을이 무르익어 쌓인
낙엽과 흙의 푸근한 냄새

서울 살이 50년을
얼마나 경황없이 살았으면
녹슨 철로가 그린 빛으로 변하는
대 변신의 소식을 몰랐을까
꽃복숭 양버들 덜꿩나무 조팝나무
재미난 이름들 동굴 밖 세상
얼마만의 편안한 기쁨인지

어둠이 짙어지고
발아래 켜지는 등불들
자갈밭에 널린 낙엽이 모두 꽃
도시 속에 자연을 실어다 준
철로의 변신이 아름답다.

자작나무

백마 군단
미끈한 다리의
날렵한 질주

신은 그들의 머리를
하늘에 두고
최상의 다리를 지상에 내려
혼미한 세상을
명상케 한다

숲길의 몇그루 자작나무
초원을 용맹스레 달리던
백마 탄 기사처럼
은은한 향기 날리며
젊은 꿈을 부른다.

몬스테라

대야만한 대형 잎사귀
크고 괴이한 모양
손가락처럼 찢어지는 잎
듬성듬성 생긴 구멍
유명 작가의 미술품 같아
잎 하나만 액자에 넣어도
누구도 흉내 못 낼 작품

양푼만한 잎을 달고
가는 줄기를 버티는 힘은
찢어지고 구멍 뚫어
무게 줄이고
물과 빛 나누는 배려심
인간이 배울 덕목 아니랴

괴상한 모습과 달리
좋은 기질의 유전인자
흉악해지는 사회에

시원한 푸르름과
교훈 주는 식물이다.

보호막

열대지방 고무나무
투실투실한 잎사귀
깊은 바다의 짙푸름
자로 잰 듯 간격 맞춰
받침대 없이 곧게 자라니
천성이 바른가 보다

푹푹 찌는 한 더위
새순 나올라치면
대침만한 흰 바늘 내밀어
푸른 시초는 흰색인가 싶지만
연두 싹이 눈 반짝이면
흰 껍데기는 스르르 벗겨지니
내 노년을 투영한다

투박한 한 잎 한 잎을
강보에 싸인 아가처럼
저 얇은 막이 키운거구나

모든 생명의 성장은

보호막의 희생이다.

오월

사계절 아니 좋은 때가 없건만
유별나게 오월 축제가 요란하다
오월 신부는 결혼의 로망
에메랄드 반지처럼
물오른 숲처럼 살고 싶은 꿈
나도 오월의 신부였는데
예찬받는 오월의 삶이 아니었다

나이 들수록 빠져드는 오월
봄의 마지막이 아쉬워
덕수궁 돌담길 돌고 돌아
추억을 불러내 잠시 머뭇댄다
그때는 아름다운 날을 꿈꾸었는데
산다는 게 예측도 없는 회오리
무작정 쳐들어오는 전쟁 같았기에
그때가 그리워
오월의 샘물을 퍼 올린다.

산성 나들이

가파른 저 곳을 뉘 있어 오르리오

님이야 오가며 여인들과 노니오만

님 있어 오르는 길
본 척도 아니하니

상처만 소복 소복 냇물을 이루오.

가을의 희열

불쾌지수 최고 찜더위
아열대로 바뀐 우리나라
잠 못 드는 밤이 늘수록
가는 날짜 더욱 느리고
그래도 시간은 흘러
구월 초순 지나면 살만해
사람들 얼굴이 훤언하다

아침저녁 선선한 바람
분 바른 보송보송한 느낌
긴 소매 옷 할랑할랑
횡재 맞은 기분
덥도 춥도 않은 기온
절로 살랑살랑 흔들리는 몸
춤추는 영혼 된다.

어느 낙엽

멀리서 은행잎 같아
길옆 정원에 들렀다
이름 모를 낙엽들

땅에 떨어져 빛바랜 잎은
화단에 던져 올리고
깨끗한 잎 한 웅큼
주머니에 넣으려는데
노란 눈이 빼꼼 내다 본다
화단에 던진 쬐그만 잎이
어느 새 주머니에 들어왔네
꺼내어 버리려는데
'나도 데려가'
가녀린 속삭임이 들린다
말끔한 것만 챙긴 내가 야속했나
손바닥에 꺼내 놓고
'미안했어'
병아리처럼 조심스레 안고

눈 맞추며 웃었다.

젖은 낙엽

눈부신 자태로
깊어 가는 가을을
빛내주더니
멋없는 보도에 늘어진 너를
어쩌면 좋으냐
비 젖은 초라한 모습
초로의 내 모습 같아
슬픈 발걸음 멈춘다

한창 푸를 때
고운 네 모습
풍성히 모아 두면
푸르른 향기 좇아
숲의 정령 찾아올 텐데

긴 겨울 나목 될 때까지
수시로 떨어지는 갈색 혼
비에 젖고 눈에 젖어

망연히 추운 밤을 지샌다.

자연 치유

떨어지는 화분을
재빨리 일으켰으나
고무나무 두 잎 확 꺾여
주루룩 백색 피 흘리며
부르르 떨린다
끈적이는 누액淚液 닦고
셀로테잎 맞대어 붙이고
부목을 대줬다

시들어 버릴까 걱정했는데
상처 부위만 검게되고
양옆에 물길이 잡혔나
약도 없이 치유된 생명의 힘

고달픈 인생길
찢기고 꺾여도 이겨온 건
자연自然 모성의 힘.

남천나무

우람한 소나무 아랫도리 빙 둘러
여리여리해도 제법 울타리 되고

큰길로 나가는 계단 옆에 서서
차가운 난간 덮으며

우중충한 겨울 숲에
부드러움과 미소 주는
참새 부리 작은 잎새들

조롱조롱 빨강 열매 달고
미풍에도 살랑살랑 흔드니

사계절 귀여운 나무
숲길 분위기 올려준다.

겨울 벤치

삼계절 다 지나고
흰눈 덮인 겨울 벤치가 정겹다

어수선한 뉴스
지지고 볶는 일상을 잠 재우고
갈무리한 저장식으로 지내며
벤치는 사색의 시간

사락사락 내리는 백설의 환상적 평화
거무튀튀한 빌딩 옥상들
흰옷 입고 무상한다

부산스레 살아온 다른 계절들
차가운 날에 침잠하여
하늘나라 얘기 들으며
철학을 만난다.

눈 덮힌 도시

떠들썩한 계절 지나고
찬바람 흰 눈 보는 겨울
어수선한 세상 뉴스
부산하던 일상
김장 끝나고 눈 오는 날
종일 퍼 부어도 좋으리
사락 사락 속삭이며 쌓이고
휘릭 휘릭 창문도 후려치며
신기한 공중 곡예 즐겁다
거무튀튀한 빌딩들
흰 눈 덮어 말끔해지고
옥상 나목들 묵상한다

너무 수선떨지 마라
너무 안달하지 마라
마차 끈을 당겨 세우듯
종종거리던 마음 잡아 놓고
눈目도 마음도 희게한다

모두 기도 중이다.

안개 도시

매일 보던 건물 사라지고
우주 정거장에 내린 듯
안개 속의 낯선 도시

가랑비 창문에 뿌리면
저 밖은 본 적 없는
신비한 섬처럼
파스텔 톤의 마을이
꿈속처럼 조용하다

길 건너 색색의 주택들은
푸른 숲으로 변하고
뿌연 고층 건물들도
안개 속에서 수채화 그림

아파트 사는 사람들
안개 마을처럼 서로 안 보여
유령처럼 사는 회색 움직임

안개비로 깨끗이 씻겨
서로 인사하고 사는 동네로
바뀌면 좋겠다.

제4부 한 사람의 힘

통일 전망대에서

'무슨 이런 경우가 있단기야'
눈으로 빤히 보이는 이북 땅
'무슨 이딴 선을 만들어
오도 가도 못하게 하는기야'

1·4 후퇴 때 교통수단이 없어
해주서 교감 하시던 외삼촌이
외할부지 도움 간청했지만
술 좋아하신 외할부지
나라 반 토막 날 줄 꿈에도 몰라
들은 척도 않더니
두 분 북에 두고 그어진 휴전선
이름 부르며 울부짖던 외할머니
북녘 하늘에 피 울음 전해질까
한 해 한 해 기다린 통일
이 무슨 말도 안되는 철벽
강만 건너면 만날 외삼촌
너무 늦어 가셨을지 모르니

통일 된다 하여
그 누구 그리운 이 있어 가보랴.

평화 돌풍

지난 겨울 난데없이 나타난
돌발 기류를 시작으로
우리에게 손 내밀며
세계 뉴스에 돌풍을 몰고 왔지
남북 정상 북미 정상
회오리처럼 휘몰아친 장면들
곧 통일이 올듯한 쇼쇼쇼

핵무기 내걸고
이득 챙기기 먼저라면
돌풍 같은 행위 무의미
남한 방문하려면
이산가족 만남 우선이지
왜 그들의 피눈물 외면하나
번거로운 절차없이
생사라도 확인하자

남북 정상이 경계석 넘는

진풍경 대서특필로
전 국민 들썩여 놓고
오래가지 못한 평화놀이
불씨도 사라졌네.

개성 관광

박연 폭포 꽝꽝 언 얼음 줄기
강산의 풍치는 남북이 같은데
곳곳마다 새겨진 수령 기념비
통일 어려운 이념의 벽

우리네 한옥 마을 닮은
관광 숙박소와 식당 촌
놋그릇에 담긴 정갈한 음식은
전통 대갓집 살림 모습
식당 옆 개울 돌다리
무성영화 한 장면 같고
옛 모습의 성균관
선죽교 붉은 돌다리
지리 교과서 그대론데

늦어도 너무 늦어버린
통일이란 눈물단지
한탄과 눈물로

건너고도 남을 세월
관광이란 방편일지라도
그 산하 보게 해다오.

비타민 한 병

놀라운 사건 개성관광
한 많은 할머니 대신
외삼촌 찾을 기회될지
가슴 뛰던 희소식
북한 방문은 엄두도 못낼
무력한 위치를 원망했는데
이제야 찾을 수 있을까
도라산역부터 타국 같은 곳
단순 획일적 색채의 농촌
개성 시내를 제외하곤
사람도 차도 드문 곳
어두운 마음이 스민다

관광지 설명도 집중 못하고
어떻게든 북녘 안내인 통해
전하고 싶던 영양제
'외삼촌께 화禍가 되면 어쩌나'
우왕좌왕하는 착잡한 심정

다음 왕건 묘 관광 때 전하자는
비겁한 타협을 한 후 10여년
아직도 전하지 못한 비타민 한병.

대명항 어선

조용한 항구 한 켠
한가한 고깃배 정겹고
투박하나 강한 모습이 믿음직해
졸렬한 인간보다 멋지다

선착장 풍경은
삶의 고단함 가득하나
노역의 댓가는
풍어잡이 때 푸짐하니
과욕없는 삶이 아름답다

곧 출항하는 건장한 어선
힘찬 용기로 뱃길 가르니
돌아오는 뱃머리엔
만선의 깃발 펄럭이리.

수안보 온천

그 옛날 이 깊은 산 속에
웬 복이 터졌을까

이곳엔 착한 사람 많아
하늘이 주신 자연 온천탕
임금님도 행차하여
병 고치고
선녀도 몸 씻고 간
약수 온탕

이제는 누구나 훌렁 벗고
머리는 바람에 맡기고
몸은 열탕에 담궈
하늘의 수묵화를 감상하는
동서양 미남미녀도 시샘할
몸은 나르시스
머리는 두보가 된다.

덕유산 상고대

알프스 몽블랑이 안부럽다
겹겹이 쌓인 천지간의 설산 대작大作
설원 천지를 얇은 얼음으로 새긴 조각품

거센 눈보라에 밤새도록
서리가 켜켜로 붙어 조각된 나무들
섬세한 유리 공예가의 작품이다

상재루 기와 건물은 도자陶瓷 예술품
몰아친 눈보라는 한 치의 오차 없이
건물 외벽에 가시처럼 촘촘히 박혀
보고 또 봐도 감탄

사방무늬 문틀과 문고리까지
세필로 정교하게 그린 빙화氷花
설국 화가의 미친 작품
색채화 보다 귀태스러워
설산의 귀공자답다.

거제도 맹종죽孟宗竹

湖南죽 竹筍죽 毛죽으로
불리는 맹종죽
수십 층 빌딩 높이
해풍이 무섭게 흔들어도
쓰러지지 않는 힘
완성도 높은 품성 때문

죽竹 생육은 인내의 시험장
아무리 좋은 토양에 심어도
수년 동안 싹 하나 안 틔우고
땅 밑 주위 십리十里를
한 품으로 엮어 안은 후에야
싹 나기 시작하고
하루 육칠십 센치로 성장
달 반 지나면 삼십 미터 자라니
구름엔들 못 닿으랴

사방 십리 걸쳐 다져진 뿌리

옛 선비들 지조의 바탕이 되고
변덕 모르는 한자리의 우직함이
변절 모르는 충신의 기개가 된 것
대숲의 충절이 그립다.

묵호 논골담길

묵호항이 발아래 펼쳐지는
양지바른 언덕
오징어 명태가 풍년일 때
각지서 몰려온 가장家長들이
오징어 명태 잡아와
햇볕 뜨거운 담벼락에
줄지어 말리던 산동네
등대가 가난한 집들을 밝히고
태양이 어물들을 쨍하게 말리며
가슴 뛰며 살게 한 흔적
이제는 이쁜 벽화들로
귀여운 카페 동네가 된 관광지
야트막한 산동네의 절정기가
지금은 동해로 이동하고
활기차던 그 언덕
햇살 품은 빈집 굴뚝에
향수鄕愁 연기 외롭다.

한 사람의 힘

태풍 매미 이름을 딴
거제도 매미성
단 한 사람이 만든 놀라운 모습
태풍이 휩쓸고 간 그 자리
파도를 막으려고
하나 둘 쌓아올린 노고가
튼튼한 성이 되었네
돌층계 오르면
누군가 만날 듯한 고풍스러움
아직은 미완성
다시는 초토화된 땅이 안되게
돌 하나에 아픔 하나씩 묻었네

눈물과 땀으로 이룬 방파제 성
몽돌 해변과 잘 어우러진
설계도 없는 건축미

한 사람이 이루어낸 축대

아픔을 승화시킨 긍정의 힘
무거운 현실을 헤쳐나갈
이야기 샘을 퍼 올린다.

함안의 아라가야

작은 신라라 할까
경주의 크기를 줄인 모습
천년 역사는 큰 무덤을 세우고
오백년 역사는 작은 무덤 산등성이
무덤들 따라 닿은 박물관
요즘도 부족치 않을 발달된 문명
인쇄처럼 정교한 한자 문서들
변질없이 보관된 방법이 놀랍다

아라가야의 철기 술잔은
한적한 함안을
가야의 수도로 볼 만큼
대형 조각 예술품
우람한 검푸른 술잔
큰 행사 때마다
백성 모두 나눠 마셨나 보다

전기도 없던 시절

어찌 정보를 모으고
어찌 문화를 만들었는지
있을 것 다 있는 현대보다
투박하지만 정감 넘쳐
멀리 대금 소리 들린다.

제주도

야자수 검은돌 바람
낭만 가득 이국적 분위기
반짝이는 녹나무 가로수
맑은 하늘 어우러져
꿈같은 블루 블루그린

남국을 옮겨놓은 듯
무한히 평화로운 푸르름
옥빛 바다 흰 파도
더위 찢는 폭포수
구멍 뻥뻥 현무암 돌담

평온과 힐링 자체인 곳
타국인 누구에게도
결코 팔려서는 안되는
우리의 자연유산 보물섬.

이중섭 미술관

덥수룩한 머리
대야만한 팔레트 함께
어디선가 나타날 듯한
언제봐도 예술 자체인 화가

서귀포 1 · 5평 단칸방
담배 문 그의 선 굵은 얼굴
왜 그리 빨리 생을 마감했는지
가슴 찡한 안타까움

살아 날뛰는 소 그림
전율 일으키는 소 두상화
거칠면서 강렬한 붓 터치
음메 소리치며 뛰쳐나올 생동감
꺼지지 않는 환영으로 남는다.

인종차별과 국격

시드니 어느 거리
나를 주시하던 백인 청년
'니 나라로 꺼져'
백인 친구가 '너도 니 나라로 꺼져
여기 원래 원주민 땅이야'

백호주의가 무슨 死守꺼리라고
즈네 개인적 불만을 동양인한테
화풀이 해대는 못난이들
20년 전에도 호주는
컴 기술이 낙후 되어
우리나라 제품 인기였는데
피부색 이유로 갑질 한다

호주인들 일본 매니아
자동차 가전 만화까지
경제 대국 된 덕에
사람도 물건도 대우받는다

우리도 이젠 IT 강국
어깨 펴고 다니자
경제 발전된 조국祖國있어
갑질에도 끄떡없다.

여왕과 풋볼 선수

오클랜드에 여왕 방문
뉴스에서 흔히 보던
같은 색의 모자와 외투
그녀의 상징
인산인해를 예상하며
거리로 나갔다

여왕이 묵는 호텔
경찰도 경비도 없고
건물 옆 마오리 십여명
아우성 없이 모여 있다
불운한 원주민들
대한제국이 떠오른다

여왕 떠난 며칠 후
제일 큰 거리가 시끌벅적하다
유명 풋볼 선수의 싸인회
입장권과 기념품 선점하려는

사람들의 기쁜 경쟁
여왕보다 풋볼 선수를
미친듯이 환영하는 민심
자유 민주의 표본 같다.

애보리진을 보고

시드니 오페라 하우스 해변
숱 많고 푸석한 검은 머리
시커먼 바위 같은 얼굴의 원주민
전통악기 디젤리두 어깨에 기대놓고
관광객들에 둘러 쌓여 있다
아프리카인도 폴리네시안도 아닌
숯덩이 얼굴에 방울만한 눈

쌩뚱맞게 왜 시드니 해변인가
울룰루 성지, 아웃백 어딘가에서
크게 실컷 불어대야지
순진한 눈 하염없는 느긋함이
가슴 뭉클케 한다

빼앗긴 해변이 그리웠나
해안가에서 사막으로 내몰려
안으로 안으로 더 깊이 깊이
공기마저 부서지는 메마른 땅을

성지로 정한 미련한 조상들
언제 다시 그들 땅을 찾으려나.

* 에보리진 : 호주 원주민

사모안 친구

서양요리 배우는 폴리텍
사모아에서 이민온
비슷한 연배를 만나
어느 주말
런치 모임에 초대받았다
주위가 훤히 보이는 마당
섬 요리 가득한 대형 식탁
빙 둘러 인사하고 담소하고
따뜻한 대가족 분위기
모두에게 소개받으니
나도 친척 된 기분
끈끈한 뭉침이 부럽다

폴리네시안 섬사람들
지구인은 모두 친구
섬 모두가 친척이란다
산업화 도시화로 개인주의 세상
핵가족만이 가족인데

모두가 뭘 하는지 훤히 알고
모두가 위로자이며 충고자
어두움 없는 진실한 대화에서
섬의 평화가 전해온다.

기러기 엄마

기러기 아빠
몇몇 자살한 아빠들만 보고
사회 잇슈되어 동정받다니

억지부려 혼자 남아
흥청거리는 밤문화에 빠진
놀새 아빠 대신
점수제 이민 가 아이들 돌보기
중년의 타국살이
무슨 호사를 누릴까
자식 교육 서로 힘써야지
바람에 날개 단 기러기 난봉꾼

앞날 걱정하며 남몰래 우는
기러기 엄마의 속병을 누가 알까
가정 경제 파탄 지경에
혼자서 행복한 허울 좋은 가장
사전에 있는 기러기 아빠

남자만 힘들다며 동정마라
사전에도 없는 기러기 엄마
남녀평등 허울에 울화병 든다.

나체 해변을 지나며

소문난 나체해변을 찾는다
부근에 가도 찾기 힘든 건
허름한 '나체해변' 팻말이
수풀에 덮힌 까닭
도로에 차를 세우고
살살 내려가다 곧 돌아선다

맨몸의 머리 허연 노인들
한가히 일광욕하는 곳
나체촌이란 별명이
호기심을 자극했을 뿐
벌거벗은 노인해수욕장

투쟁하듯 살아 온 삶
언제 늙었나 모르는 아쉬움
푸른 바다에 나신裸身을 담그고
쌓였던 고달픔과 후회를
털어 내고 싶었을 거야

태평양 바람 남반구의 태양에
쭈그러진 육신 내놓고
신이 부르면 언제라도 갈 준비
알몸으로 해풍 실컷 맞아보는
마지막 파티일지 몰라.

해변의 여인

아름다운 여인은
어딜가나 남성의 표적
아이들 등교 시키고
홍콩서 이민 온 부부와
미션베이 산책하며 본 광경

배우처럼 아름다운 여인이
생각에 깊이 잠겨 산책한다
어느 멋진 집에서 내려다본
올리브 빛 피부의 인도인
해안의 비싼 집을 가리키며
초대하고 싶다는 의미의 손짓
여자는 웃기만 할 뿐
본체만체 가버렸다

혼자 산책 왔다고
가볍게 치부한 오산
하고 많이 오는 여인 중

그녀만 아닐거야
우리는 통쾌하게 웃었다.

*미션베이 : 오클랜드의 아름다운 해변

제5부 지구의 경고

황혼에 다다르니

인생에 사랑 빼면 공허함 천지
그 단어 없는 유행가 드문데
진실한 사랑 있었나 싶다

나이 차 혼인하고
남편 자식 뒷바라지
잡다한 살림살이
그것이 전부였던 인생

홀로 되어 책 빌려보면
왜 그리 무식한지
엄청난 사건들이 줄줄이 터져
근현대역사를 도배하는데
나는 가족과 씨름하고
돈에 울고 생활에 지치고
떠밀리듯 살아온 허깨비 인생

희미한 노을 끝 잡고

회한과 슬픔 가득하니
이제껏 뭘 위해 살았던가
영리하지 못해
첫사랑도 너무 서툴렀고
황혼도 처음 가는 두려운 길
누구 미더운 사람 있어
함께 가면 좋겠다.

반짇고리

목재 바느질통
각양각색 단추와 색실
실꾸리 가위 바늘꽂이
바늘 골무 면도칼 쪽가위
내 평생의 일상품

열어 보면 30년 잡동사니들
버릴만도 한데
언제 쓰일지 몰라 빼곡하다
얼마 전부터 몸체가 헐거워
셀로테잎으로 칭칭 동여매어도
결국 부서졌다

수십 년 안방 한 켠에
손때 묻은 걸로 가득 찼던
살붙이 같은 애장품
심심하면 바느질거리 만들어
만 시름 잊었는데

내 손길 기억하려나.

남은 봄은 몇 번

하우스먼은 20세에
70까지 살 것을 예상하고
볼 수 있는 봄이 고작 50번이라 했다

나는 이미 그때가 왔지만
태풍에 갇혀 볼 수 없던 봄
이제부터라도 봄을 보러 나가자
앞으로 내가 볼 수 있는 봄은
몇 번 남았을까

건강한 사람들은 젊을 때부터
철 따라 산야를 누비는데
수년 전부터 겨우 알아챈 봄
화분 몇 개만 키워도
나이와 관계없이 설레는 봄
얼마나 남았는지 알 수 없는 일
오면 반기고 가면 기다리자.

노화

무엇이던 먹으면 표가 난다
주름진 입가에 흘린 음식
자식들도 인상 찌푸린다
늙은 것도 흉한데
어린애처럼 음식을 흘리니
당황하기도 할 테지
엄마는 그럴 리가 없는데 …
목메어 화가 난 거지
걸음은 왜 또 어정쩡한지
엄마가 그럴 리 없는데 …
가슴 아파 답답하겠지

별로 먹은 것 없어도
화장실은 왜 자주 찾는지
주책없는 내장 활동
외출 꺼리는 노인 속내
서글픈 두려움
무서워도 도망도 못가네.

병원 엠파이어

입원할 일 생겨 급히 가도
아쉬울 게 없는 곳
식당 커피숍 제과점
건강식품 건강기구 옷가게까지
마을이 되어버린 병원 왕국
끝없이 들고 나는 사람들
부산하게 돌아가는 공장 같다

왕국이라 할 만큼
면담 대기 기다림의 연속
몇 분도 안되는 의사 면담
상감마마 알현과 다름없네
궁금증 물어볼 여유도 없이
내 쫓기듯 황망히 나오는 초라함

이 검사 저 검사 마치고 보니
하루 장사 끝난 병원 왕국
파도가 쓸고 간 휑한 건물

수만 개 약품을 안내하는
장마당 파한 것 같다.

남ㅆ롱

전철 경로카드에 경로석까지
쾌적한 냉난방 카페
운좋게 앉으면 금방 말튼다
모두 고만고만 살아왔기에
누구 한마디에 누구나 답하고
깊은 사정 몰라도 다 알아듣고
종착까지 간다해도 끝없을 수다

사람들이 가장 많이 내리는
남대문 시장 승강기는 늘 만원
시장 향해 쏟아져 나가는 무리
칼국수 한 그릇 먹고 밀려 들어오는 무리
웃음보따리 물건 보따리 한 트럭

승강기 옆 쉬어가는 긴 의자
늘 자리가 부족해 엉덩이 맞대기 일쑤
옷을 꺼내 입어 보면 서로 봐 주고

잘 샀다 잘 샀네 칭찬 난무하고
떡 한쪽 고구마 반쪽 허물없는 인심
같이 늙어 가며 같은 맘으로 모이는 남ᄊᆞ롱
전철이 만들어 준 즐거운 쉼터다.

돈의 오만

몸뚱이를 교체하는 게
무슨 자랑이람
썩은 이 바꾸고 관절 새로 하고
주름 당기고 저승꽃 태우고
노안 수술하고
몸뚱이 바벨탑 쌓는다

백만불 사나이 된 듯
장수를 자신하는 거만한 웃음
눈부신 의과학 발전이
텔로미어까지 연장시키면
120살도 문제없다 들뜬 자만

육신의 젊음 사들여 자랑해도
80세만 되면 눈꼽끼고
뚫린 구멍마다 오물 흐를텐데
늙은이만 넘치는
망국 될까 무섭다.

경로 일거리

인구 5천만 중 노인인구 700만
그중 절반은 빈곤 노인들
젊은 일 노인 일 따로 없지만
한 달 삼십 만원 경로당 일
자가용 모는 여인들 그거 받아 뭐에 써
노인들 그 일 하고 받는 돈 너무 요긴해
손자들 용돈 친구들과 국수 한 그릇
너무 행복해 너무 감사해

옆 동네 집집마다 쌓인 폐지를
어느 새벽 자가용이 몽땅 실어 갔다네
노인 일자리 변변한게 뭐 있다고
노인들 푼돈 벌이 폐지 줍기조차
차까지 동원해 쓸어가는가
넘 치사한 얌체족

어린이와 노인이 웃는 나라가
진정한 복지국가라네.

하느님의 깃발을

대형 원을 반으로 나눈
한쪽이 초등학교
다른 한쪽은 빙 둘러 재래시장
건물이 낡고 골목 골목이 젖어
분명 재개발 가능지地

햇빛 쨍한 날 위에서 보면
반달 금붙이 운동장
고층 건물 들어서면
저 밝게 뛰노는 어린이들이
빛없는 운동장에 낙심하겠지

어둡게 꽂힐 빌딩 그림자 자리
하느님의 깃발을 꽂으소서
운동장에 뛰노는 새싹들에게
햇빛 받을 권한을 갖게 하소서.

도시의 일출

자고 나면 여는 커튼
오늘은 어떤 모습일까
갑자기 먼 산 사라지고
턱밑 건물만 보일 때
검은 바다더니
짙은 안개 빠져 나가고
빼곡한 건물 드러난다

그 사이 옥상에서 순산하듯
붉은 기 뻗으며
쑤욱 내민 태양 민머리
고래 등처럼 부웅 뜬다
뿌연 먼지 사라지고
허공도 건물도 빛난다
날마다 새로운 오늘이지만
일출 보는 순간의 순수가
명상의 시간이다.

아날로그 세대

디지털 시대
핸드폰 톡 치면
모든 걸 다 알려주는데
왜 하필 신문인가
간수하기도 버리기도 힘든데
도서관도 문닫고
도서 구입도 여의찮고
마침 신문 영업사원을 만나
십여년 만에 구독했다

오랜만의 신문 냄새
거실에 좌악 펼치니
한눈에 들어오는 제목들
새 아침을 여는 젊은이 같다
나는 아날로그 세대
편한 자세로 천천히 읽어가며
생소한 영어 약자들
디지털 핸드폰에 신세지고

논설 교양기사 모아두었다
토론하듯 읽다 보면
컴퓨터보다 여유롭다.

전기 파워

손바닥 만한 전화로
어디에서고 안부 통화하고
뉴스 드라마 음악 영화 광고
모르는 것 없고 못 하는 게 없다
전자제품의 폭풍 같은 발전
가상 세계에서 살며
화면 속에서 같이 밥 먹고
화상으로 공부하고 회의하고
최첨단의 편리한 삶 놀랍다
이 화려한 첨단 기기들도
파워 나가면 칠흑 같은 어둠
멘붕된 정신의 적막감
죽은 도시 된다

신에 닿으려는 AI 진화
전기 반란 오면 속수무책
깜깜 일차원에서 헤맬텐데
공상과학 반드시 실현돼야 할까

디지털과 살아가는 인류의 제왕
무소불위의 힘, 전기 파워.

스페이스 X를 보고

입 벌리고 할 말을 잃게 만든
크루드래건 발사체의 옷 벗는 광경
달 착륙만큼 놀라워
인간의 천재성에 감탄한다

지구인을 화성으로 이민 보낼 때
무엇을 가지고 갈 것인지
화성을 지구처럼 망가뜨릴지
경탄과 의구심의 애매한 감정

제국주의 식민지 쟁탈전 떠오른다
우주 정복도 국가 위신 기업 경쟁
그 욕심 누가 막으랴
3차 전쟁 시 인류 멸종 막기 위해
세계 거부들만 살아 남아 신인류 되나
가난한 지구인은 화성 우주인을
외계인으로 경계할지 모른다
인간의 도전은 어디까지일까.

수소 둘 산소 하나

녹음이 푸르게 깊어도
지글거리는 태양에
멈추지 않는 땀
더위 식히는 분수
물속을 유영한다

물은 어떻게 생긴걸까
지구 시초, 높은 온도 식어
수증기가 모인거라고
혜성이 가져다 준 거라고

세상 모든 원소 118개 중
우주에 많은 수소 두 개
지각에 많은 산소 하나 뭉쳐
우주 어느 별에도 없는
바다를 이룬 기적
물은 최고의 선善
인간의 생명 살리고

자연을 풍요롭게 하는
지구와 인간의 수호자.

물난리

홍수 재해로 식수도 불도 없다
계단 한 개만 남기고 비가 멈추어
아파트 잠수는 면했다
자동차는 물에 둥둥 떠다니고
지하상가는 완전 침수
석기 시대가 따로 없다
촛불과 손전등에 의지하고
음식을 조금만 먹어도
화장실 걱정이고
좋아하던 샤워는 언감생심
쥬브 타고 멀쩡한 동네 슈퍼에 가도
도둑이 훑고 간 듯 아무것도 없다
전쟁 같은 패닉
엄마는 전쟁통에
우리를 어찌 키우셨을까
물난리도 인재人災 자연을 망친 댓가
지구 곳곳이 심한 병치레다.

지구의 경고

고추 한 개 200원
깻잎 한 장 200원
그나마 태풍에 살아남아
반가운 푸른 농산품
푸성귀라며 하찮게 본
야채들의 고공행진
마치 금붙이 사는양
집었다 놨다 뜸들이기

코로나, 장마, 태풍
이상기후, 괴이한 질병
하늘이 노했다고
지구가 벌 받았다고
한심해 하면서
지구 곳곳에선 여전히
전쟁, 기아, 여성학대
변이바이러스까지
인간이 자초한 재난

지구 경고 무시 말고
세계가 무덤으로 변하기 전에
지구환경 살려내자.

| 작품해설 |

생애와 일상에서 피워 낸 생화生花의 감동

- 노명희 시집 『삶은 꽃이다』를 읽고

박부민 | 시인

| 작품해설 |

생애와 일상에서 피워 낸 생화生花의 감동

- 노명희 시집 『삶은 꽃이다』를 읽고

박부민 | 시인

1.

폴 발레리에 따르면 시인은 언어의 연금술사이다. 언어를 매개로 만상과 만사를 노래하고 이야기하는 천명을 타고난 사람이다. 당연한 말이다. 시가 언어를 다루다 보니 언어적 형상화와 이미지 천착을 위해 일정한 기술과 방법론이 중요한 자질과 요소가 되었고 현대의 시들은 이를 지향하는 경우가 많다. 그러나 적정 수준을 넘고 주제와 동떨어진 과시적 말장난이나 언어적 기교의 과잉은 시적 감동을 상쇄하고 진정성에까지 타격을 주는 걸림돌이 되기도 한다.

그런데 오늘날은 누구든 자유롭게 시를 배우고 쓰고

평가 받는다. 정제되지 않은 언어적 솜씨와 문학적 완성도에 대한 염려가 있지만 적어도 시가 귀족의 전유물이 아닌 지금 여기 일상에서의 언어와 삶으로 직조되는 평민의 예술임을 웅변하는 현상이기도 하다. 문학은 삶에 본령을 둔다. 이백도 두보도 품새와 방식은 달라도 당대의 역사적, 문화적 배경에서 일상의 서정과 서사를 다루었다.

시다운 시란 언어적 성과는 물론이요 더 중요한 것은 일상의 진정성이 내재되고 발현되는 감동이 있는 시이다. 한때 형이상학적 잠재의식과 언어 탐미적 시들도 문학의 한 축으로 작동한 시절이 있었고 그런 유파들은 지금도 남아 있다. 그러나 은유에의 지나친 집착이 시의 소박한 진정성을 방해하기도 해서 적지 않은 시들은 대중에게서 잊히고 회자되지 않을 뿐더러 한 시대의 사금파리로 명멸하는 현상을 우리는 체험해 왔다.

예컨대 윤동주의 「서시」나 김소월의 「엄마야 누나야」 같은 시는 쉬운 언어로 삶 자체에서 나온 것임은 다들 아는 사실이다. 그러나 지금도 감동 깊게 회자되는 그런 시들이 그저 쉽게 쓰인 시는 아니다. 이미 윤동주가 「쉽게 씌어진 시」에서 비장하게 자성했듯이 좋은 시, 시다운 시란 삶의 진정성에서 발현되는 고뇌에 찬 자아 성찰과 시민으로서의 사회적 성찰까지 담긴 시일 것이다.

결국 시에는 머리를 울리는 시와 가슴을 울리는 시,

그리고 머리와 가슴을 울리는 시가 있다. 생경하고 어려운 사전적 단어의 나열과 기발한 이미지만을 찾아 담론을 이끌어 내는 시도들은 한 때의 각광을 유도할 수는 있어도 세대와 역사를 아우르는 장강의 긴 호흡을 지닌 감동의 지속성에서는 다소 멀어질 수밖에 없다. 그래서 오래 전 어느 시인은 “말을 꼬불려서 곧은 문장을 비틀어서 시작을 그렇게 하면 되나?”(김준태, 「시작을 그렇게 하면 되나?」)라고 일갈하기도 했다.

노래로 치자면 트롯과 포크, 힙합이나 재즈, 클래식이 다 특성이 있고 선호하는 층이 다르고 각각의 평가를 받긴 한다. 그러나 사람들의 가슴에 울리는 노래는 장르에 무관하게 감동을 주는 노래들이다. 목소리나 악기 혹은 연주 기법의 기교적인 면을 무시할 수 없더라도 삶의 진정성이 이끄는 감동이 먼저 있어야 한다는 뜻이다. 오늘 우리에게 다가오는 감동의 시는 그런 진정성과 삶의 밀착성의 토대 위에서 언어적 숙련을 함께 꾀하는 시일 터이다.

2.

노명희의 시들은 가슴을 울린다. 화려한 기교로 점철된 조화가 아니라 생화의 향기 때문이다. 그의 시는 적어도 책상에서만 조작하고 어려운 단어들을 짜깁기한 시들은 아니다. 또한 교사의 입장에서 철학이나 사상 등 뭔가를 가르치려는 잠언적 욕구도 그리 보이지 않는다. 그의 시가 우리 시의 지형도에서 어디쯤인가는 중요하지 않다. 그의 시에는 휘몰아치는 수사나 입체적 조직과 달변은 없지만 일상의 감동을 자아내는 진정성이야말로 그의 시적 울림통이다. 우리는 때로 화려한 말보다는 태도와 표정에서 그 사람의 진정을 읽는다. 어린 아이의 몇 마디가 주절주절 늘어놓는 어른의 말보다 때론 더 감동이 있는 이치와 같다.

이즈음 시의 언어적 경제성, 시 본래의 함축미가 희석일로에 있고 장광설과 사상의 거친 발산이 너무 과장되게 평가받는 점을 감안한다면 시가 가진 본래의 언어적 함축미를 지향하는 노명희의 시들은 의미가 있다. 현실의 구체성을 덮는 막연한 언어유희적 몰두에 예술적 가치가 없다고는 할 수 없으나 그것이 어떤 울림을 주는가 하는 점을 깊이 생각해 봐야 한다.

시인이 문학적으로 더 나은 평가를 받기 위한 숙련의 과정을 무시해서는 안 되지만 감성과 삶의 진정성 있는 표현이 얼마나 더 중요한가 하는 얘기다. 물론 그의 시에는 "백마 군단/ 미끈한 다리의/날렵한 질주"(「자작나무」), "투박한 한 잎 한 잎을 /강보에 싸인 아가처럼/저 얇은 막이 키운 거구나/모든 생명은 성장은/보호막의 희생이다."(「보호막」) 같은 구절에서 보듯 위트와 뛰어

난 상상력에서 나온 표현들도 있다.

그럼에도 노명희의 시는 언어에 집착된 시라기보다 대체로 생애의 시이다. 살아 온 인생 전체를 관통하는 시로서 일상에서 생화를 피워 내는 것이다. 그의 시에는 책상의 흔적이 잘 보이지 않고 삶이 시가 되고 시가 삶이 되는 면모가 보인다. 은은한 향기, 생활의 기운이 돋아난다.

그런 의미에서 노명희의 시들은 감동을 동반한 일상적 작업의 꽃이다. 그런데 꽃에는 조화와 생화가 있다. 조화는 언뜻 시들지 않아서 영구적 장식용으로 쓰고 제작자가 원하는 색과 분위기를 연출할 수 있다는 장점이 있다. 향을 더하거나 특별한 부대 장치를 곁들이지 않는다면 조화에는 일견의 시각적 효과는 있어도 진정한 향기가 없다. 조화는 정교함이나 색감이 제작자의 자유로운 상상과 기교에 따라 천차만별이요 천태만상의 모습을 양산해 낼 수 있다는 장점이 있다. 그렇더라도 생화의 진짜 향기와 같을 순 없다. 그런데 생화를 말린다면 또 이야기가 달라진다. 조화처럼 말라도 생화였던 본래의 향기가 깊어지고 종국에는 향수로도 쓰인다는 것이 생화의 효용에 대한 그의 판단이다.

도톰한 꽃잎은 비로드 원사
활짝 핀 도도함은 원숙한 여인
사랑 고백의 대명사로

향기의 여왕으로
한창 때를 보내고
시들어 조화처럼 말라도
꽃향기 깊어지고
겹겹이 피는 꽃잎 비밀
향을 숙성시키는 묘수
장미 향수로 빛나네

우리 인생 늙어 갈수록
잘 익은 장미 되려나
오물로 가득 찬 인간
악취 나는 고등동물
말린 장미의 향기가 부럽다.

-「장미와 인생」 전문

장미가 조화처럼 말라도 깊은 향기를 낸다는 생각은 당연하게도 노년의 진정한 의미가 무엇인지에 대한 깨달음의 귀결이다. 그런데 노명희 시인의 시들은 역설적으로 말라도 마르지 않은 생화처럼 힘이 있다. 그의 시가 가진 생기의 근원은 삶의 진정성, 긍정적 낙관성, 그리고 위트에 있기 때문이다. 그는 생명을 예찬하며 생태와 생애 그리고 내재된 생계를 다룬다. 그러므로 그의 시적 직관은 선험적이라기보다 후험적이다. 그가 시로 소통하는 방식은 일상에서의 작은 일들을 통해서이다. 그가 본 사물이나 사건은 생태와 생애에 연관된 성찰에 기초한다.

누군들 혹한의 이곳에
태어나고 싶겠는가

일생을 태양을 그리다
차가운 눈더미에 묻힌다.

-「북극 여인」 부분

그의 시에는 주어진 운명과도 같은 현실에서 쓸쓸함의 극치를 보여주는 북극 여인 같은 애잔한 삶이 있다. 인간관계 속에서 "배신의 울분에/심장을 도려내는 고통도/물에 흘려보내고//동생들 왈패 같은 짓거리에도/빗물에 눈물 섞어 마시고//동행자의 악의적 사기 계획도/물벼락 맞고 씻어 던지고//자식들 에미 짐스러워하는 목 메임도/호수에 둥둥 띄워 날리고"(「물이 되어」) 자유로운 물이 되고 싶다는 토로도 있다.

동시에 그의 생애의 시들은 자연스럽게 노년이라는 시간에 닿아 있다. 그가 느끼는 노년의 슬픔도 일차적으로는 여느 노년과 다름없는 보편적인 것이다. "정신없이 흘러간 세월/백발이 되어서야 다시 보니/눈물이 핑 돌고"(「새순」), 어느 덧 다가온 석양에게 "내일도 모레도 널 기다릴 테니/너 여기 다녀갔노라/ 흔적이나 남겨 주려마"(「석양」)라고 하거나 「노화」에서 토로하듯이 "무엇이던 먹으면 표가 난다"든가 "주름진 입가에 흘린 음식 자식들도 인상 찌푸린다"거나 "걸음은 왜 또 어정쩡한지" 등등 "늙은 것도 흉한데" 생리적 한계나 소멸의 시간들에서 오는 통상적 서글픔이다.

그러나 성숙한 노년이란 생각까지 늙어 버리는 것이 아님을 그의 시들은 여실히 보여준다. 아름다운 노년이란 매일 켜는 등불 같은 일상의 생활에 근거한다. 배경이 어두울수록 환하게 빛이 나는 꽃처럼 말이다. 최근 이렇게 노년의 삶과 의미를 소박하지만 아름답고 감동 깊게 천착한 시들을 많이 못 보았다. 이는 당사자의 현실 이야기인데다 그의 생명과 생애에 대한 사랑의 절실함 때문이다. 그에게는 자연 섭리 속에서의 낙화도 역설적으로 열매를 맺는 창조로 포착된다. 비관에서 낙관으로 건너가는 시선의 궁극적 긍정성, 그의 시의 꽃이 생화가 되는 순간이 여기에 있다.

매화 꽃 진다
하늘하늘 떨어진 바닥
하얀 꽃길 서럽다

꽃진 자리 꽃받침
주홍빛으로 변해
꽃자리 매우니
색다른 꽃 된다

꽃잎 다 날려 보내고
꽃 수술 야무지게 물고
산고의 날 기다리더니
꽃 수술 머리에 이고
파란 눈의 매실 한 알
영락없는 초록 아기
산실 앞의 환호

꽃받침으로 꽃 피우고
열매도 맺으니
매화의 산실이구나.

-「매화꽃받침」 전문

인간과 세계의 소멸이 그저 눈물의 비탄으로만 귀결되지 않는 것은 새로운 세대와 미래에 대한 긍정적 소망을 간직하고 있기 때문이다. 그래서 인간과 사회는 노화되어 소멸되고 한 세대는 사라지지만 또 다른 세대의 창조적 희망을 버릴 수 없다. 그는 기독교적으로 말하면 죽음 뒤의 부활에 대한 소망을 품고 있다. 부활이 새 창조의 본질이라면 시인은 꽃받침으로서의 삶의 창조적 아름다움을 노래한 것이다. 이처럼 시인은 자연 속에서 소멸과 창조의 원리를 터득한 것으로 보인다. 그래서 "지는 꽃도 아름다워 나비가 된다"(「호접란」)고 표현하고 "고달픈 인생길 찢기고 꺾여도 이겨 온 건 자연 모성의 힘"(「자연치유」)이라고 할 수 있는 마음 너볏한 노년을 향유하고 있다. 결국, 비교적 담담하게 일기장에 적어 내려간 듯한 다음의 시는 모든 황혼 인생들의 회한의 고백이요 마지막 동반의 소망을 열린 마음으로 피력한 것이기도 하다.

인생에 사랑 빼면 공허함 천지
그 단어 없는 유행가 드문데
진실한 사랑 있었나 싶다

나이 차 혼인하고
남편 자식 뒷바라지
잡다한 살림살이
그것이 전부였던 인생

홀로 되어 책 빌려보면
왜 그리 무식한지
엄청난 사건들이 줄줄이 터져
근현대역사를 도배하는데
나는 가족과 씨름하고
돈에 울고 생활에 지치고
떠밀리듯 살아온 허깨비 인생

희미한 노을 끝 잡고
회한과 슬픔 가득하니
이제껏 뭘 위해 살았던가
영리하지 못해
첫사랑도 너무 서툴렀고

황혼도 처음 가는 두려운 길
누구 미더운 사람 있어
함께 가면 좋겠다.

-「황혼에 와보니」 전문

회한과 슬픔 속에서도 시인은 노년의 삶에서 자기만의 구체적이고 긍정적인 자세를 가다듬는 법을 알고 있고 또 생존법을 터득하여 실천하고 있다. "나는 아날로그 세대/편한 자세로 천천히 읽어가며/생소한 영어 약자들/디지털 핸드폰에 신세지고/논설 교양기사 모아 두었다/토론하듯 읽다 보면/ 컴퓨터보다 여유롭다."(「아날로그 세대」)면서 당당히 문화적 적응을 해 간다. 또 "어수선한 뉴스/지지고 볶는 일상을 잠재우고/갈무리한 저장식으로 지내며/벤치는 사색의 시간", "부산스레 살아온 다른 계절들/차가운 날에 침잠하여/하늘나라 얘기 들으며/철학을 가깝게 한다."(「겨울 벤치」)고 말한다. 그리고 "날마다 새로운 오늘이지만/일출 보는 순간의 순수가/명상의 시간이다."(「도시의 일출」)면서 최선의 삶을 지향하고 있다. 이것이 노명희 시인의 노년의 진정성을 담보하는 성실하고 성숙한 삶의 자세이다.

따라서, 노년의 고독과 쓸쓸함은 자칫 우울한 일상을 초래하고 시의 색채도 불안정하고 어둡게 만들 수도 있지만 노명희의 시에서는 그렇지 않은 이유가 있다. 그는 생래적으로 밝은 성격을 지녔기 때문이다. 밝음이란 가벼움을 연상시키며 진지함에서 멀어지는 요소로 오해되곤 하지만 그는 생애와 생활에 대한 허무감과 비판적 시각을 일편 가지면서도 그에 끌려가지는 않는다. 되레 긍정적인 사랑으로 충만하다. 노명희 시인은 생명에 대한 예찬과 생태와 생애에 대한 잔잔한 성찰로 터득한 지혜를 밝은 표정과 언어로 노래한다.

겨울 밋밋한 숲에
봄철인양 활활 피어
금색 덤불 휘감고
하늘 향해 음표 그린다
조용한 겨울 숲 노래자랑
바람 악기 곡조 따라
나붓나붓 세레나데

음표 하나 뽑아 꽂으면
중세 귀부인 맵시
보드란 손가락으로
흔들리며 치는 피아노
구름도 춤추고
새들도 따라하고
한들한들 세레나데

-「억새」 전문

시인은 가냘프고 쓸쓸한 풍경의 대명사 중 하나인 억

새를 생명력 가득한 발랄한 음악과 하늘을 향한 음표로 치환하기에 이른다. 그의 시는 앞서도 언급했듯이 전반적으로는 일상의 언어와 상념을 추구하므로 현란한 메타포를 발현하지는 않지만 관념을 극복하는 현실감, 자아탐구를 넘어선 생활과 사회적 인식력을 토대로 단조와 장조를 아우르는 다성악의 면모를 충분히 담지하고 있다.

그가 부르는 세레나데의 힘은 긍정적인 에너지와 세계관에 기인한다. 비록 일상과 사회 속에서 맞닥뜨린 현실은 답답하고 비관적이며 울분을 토하게 하지만 그는 그저 분노나 비판에만 함몰되지 않고 긍정적이고 낙관적인 소망을 견지하며 그 상황을 나와 너 함께 극복해 나아가려는 의지를 보여 준다. 따라서 그가 인간의 삶을 "졸렬하게 만드는 과욕"(「대명항 어선」)과 문명에 대한 실망을 안겨 주는 쓰레기 같은 일련의 사회상을 보면서 느끼는 비관은 반드시 절망적이지만은 않다. 그의 비관은 각성을 통한 더 나은 진보를 위한 비관이다. 그 때문에 그가 조우한 이웃과 문명은 매우 암담하지만 그래도 "미더운 사람들이 함께"(「황혼에 와 보니」) 노력해 가기만 한다면 아직 희망이 있는 현장으로 인식된다.

"너무 수선떨지 마라/너무 안달하지 마라/마차 끈을 당겨 세우듯/종종거리던 마음잡아 놓고/눈(目)도 마음도 희게 한다/모두 기도 중이다."(「눈 덮인 도시」)라면서 "너무도 무디게 살아 온 삶/몸은 지쳤어도 /마음만은 그린 빛 /은은한 풀 향기/억세지 않은 색채로 /남은 날을 곱게 칠하리라"(「사월의 빛」)고 스스로 위로하기도 한다. 그리고 마침내 잿빛 문명 속에서도 함부로 버릴 수 없는 가장 소박하면서도 위대한 소망을 간절히 밝힌다.

> 아파트 사는 사람들
> 안개 마을처럼 서로 안 보여
> 유령처럼 사는 회색 움직임
> 안개비로 깨끗이 씻겨
> 서로 인사하고 사는 동네로
> 바뀌면 좋겠다.
>
> -「안개도시」 부분

3.

노명희의 시들이 개인을 넘어 세계를 바라보고 희망하면서 은유하고 상징하는 미래의 관측점은 파괴된 생태의 결말에 담겨 있다. 그는 물질주의 실용주의 시대의 곪은 상처를 비교적 직설적 화법으로 고발한다. 겉만 번드르한 문명의 바벨탑, 그 천박함에 물들어 있는 인간은 나이가 들어도 미숙하고 추한 모습으로 도태됨을 왕왕 보기 때문이다.

몸뚱이를 교체하는 게
무슨 자랑이람
썩은 이 갈아치우고 관절 바꾸고
주름 당기고 저승꽃 태우고
노안 수술하고
고장 난 장기 교체하고
몸뚱이 바벨탑 쌓는다

백만불 사나이 된 듯
장수를 자신하는 거만한 웃음
눈부신 의과학 발전이
텔로미어까지 연장시키면
120살도 문제없다 들뜬 자만

육신의 젊음 사들여 자랑해도
80세만 되면 눈꼽끼고
뚫린 구멍마다 오물 흐를텐데
늙은이만 넘치는
망국 될까 무섭다.

-「돈의 오만」 전문

노명희 시인은 지구의 이력을 논하고 세계의 재편을 추구하는 무슨 사상가의 길을 추구하는 것은 아니다. 다만 그는 나비의 날갯짓 하나에도 관심을 두는 세계 시민으로서의 품격을 보인다. 스쳐 지나가는 것들의 향기를 담아 생화를 피운다. 거창한 운동을 지향하진 않아도 당대의 이슈들을 외면하지는 않는 시민이자 어른다운 어른의 모습을 보여주고 있다. 편재하는 무감각, 비도덕성, 환경오염, 기후 위기, 도시화의 폐해, 인종차별 등, 생태와 문명의 윤리학적 이슈들은 이제 우리가 세계시민으로서 일상에서 함께 고민하고 대처하며 연대해야 하는 문제들이다. 이와 연관하여 내외면에 그을린 그의 상처와 고통의 내력은 개인의 소회를 넘어선 세계시민으로서의 존재적 좌표를 향한 의미 천착으로 나타난다.

보라 꽃 무더기
슬프게 가늘고 긴 목
힘겨운 눈 못 뜨고
조롱조롱 매달린 꽃
온통 비탄 덩어리
제국에 희생된 소녀들
식민국의 애통 절통

포근한 푸른 잎들
백조 날개처럼
물속 처절한 몸부림
가녀린 목 접어 울어 댄다
생지옥 도망쳐 고향 간다고

더운 날 더욱 애잔한
누이 같은 비비추
살아도 죽어도 원수놈들
연약한 꽃이기에

정신줄 놓아버린
비통한 원한이여!

-「비비추」 전문

위의 시는 폭압적 일제에 의해 성노예로 희생된 역사적 비극의 한복판에서 떨던 소녀들에 대한 헌사요 울분과 통곡이 절절하다. 그는 나아가 분단 현실에 대해서도 "이름 부르며 울부짖던 외할머니/북녘 하늘에 피 울음 전해질까 /한 해 한 해 기다린 통일//이 무슨 말도 안 되는 철벽 (「통일전망대」)" 이냐며 슬퍼하고, "늦어도 너무 늦어버린/통일이란 눈물단지/한탄과 눈물로 /건너고도 남을 세월/관광이란 방편일지라도 /그 산하 보게 해다오." (「개성관광」)라며 하소연한다.

그는 더불어 우리 사회를 넘어 세계적이고 보편적 정의와 상생에도 시선을 넓힌다. 호주 여행을 가서도 "백호주의가 무슨 死守꺼리라고/즈네 개인적 불만을 동양인한테/화풀이 해대는 못난이들"(「인종차별과 국격」)이라고 인종차별을 원색적으로 비판하며 원주민을 위한 동감의 애가도 부른다. "빼앗긴 해변이 그리웠나/해안가에서 사막으로 내몰려/안으로 안으로 더 깊이 깊이/공기마저 부서지는 메마른 땅을/성지로 정한 미련한 조상들/언제 다시 그들 땅을 찾으려나." (「애보리진」).

노명희 시의 확장된 포충망에 잡힌 인간과 역사의 일

탈과 세상의 병폐는 그로 하여금 생태계를 넘어 문명사적인 비평과 암담한 예언을 뱉어 내게 하는 동인이 된다. 그의 시들은 과학과 발전이라는 교만한 미명 아래 인간의 생래적 순수함을 잃어 가는 절박한 시대에 자아를 포함한 문명, 곧 세상과 타자들을 향한 준엄한 경종이기도 하다.

신에 닿으려는 AI 진화
전기 반란 오면 속수무책
깜깜 일차원에서 헤맬 텐데
공상과학 반드시 실현돼야 할까
디지털과 살아가는 인류의 제왕
무소불위의 힘, 전기 파워.

-「전기파워」 부분

그래서 그는 "물난리도 인재人災 자연을 망친 댓가/지구 곳곳이 심한 병치레다"(「물난리」)라고 힘주어 말한다. 이처럼 노명희에게 생태와 문명은 먼 데가 아니라 바로 그의 집과 집 앞에 있다. 비록 그의 문명에 대한 비판적 시각이나 역사적 울분이 크고 즉각적인 운동성을 가진 것은 아니지만 그는 시인이요 소시민으로서 응당 가져야 할 분노와 안타까움을 숨기지 않는다.

4.

누구나 생애를 돌아보면 젊은 시절의 희락과 생명력으로 전율이 오고 세상은 파란 희망이 가득했었다. 그러나 이내 토네이도처럼 휘도는 역경과 곡절로 세월이 흐르고 그 세파 속에서 오직 가족애로 버티며 살아남은 장년의 시간도 지났다. 그리고 문득 다가온 노년의 오늘. 시인은 이제 중요한 인생의 지혜를 터득한다. "삶은 꽃도 가시뿐도 아닌 꽃가시요 가시꽃"이라는 사실을. 꽃과 가시가 혼재한 삶은 누구에게나 거의 예외 없는 체험적 진리이기도 하다.

젊음은 사랑
때 묻지 않은 믿음
눈만 봐도 가슴 뛰는
온전한 전율
너와 나만 있으면
세상은 파란 희망

그리움과 기다림이
원앙 집을 지었는데
어느 날 갑자기
신기루인양 사라지고
휘몰아치는 토네이도
사랑은 무지개였던가
무슨 힘으로 살아내나
하늘이 주신 두 송이 어린잎

세월아 흘러라 어서 자라라
어느 새 만개한 두 송이 바라보니
삶은 꽃도 가시뿐도 아닌
꽃가시 가시꽃
삶은 꽃이다.

-「삶은 꽃」 전문

일상과 사회 도처에 절절한 희로애락이 교차되고 혼합되는 것이 인생이라는 화폭이다. 수묵 담채화 같은 부분이 있는가 하면 불투명한 유화도 있다. 결국 명암이 혼재하는 것이 인생이라는 그림이다. 세상의 역사나 문명의 이치도 그렇다. 카오스와 영욕이 교차하지만 그것이 오히려 인간다움에 대한 성찰의 계기가 되며 문명이 지혜를 터득해 가는 과정일 터이다. 이런 인식에 이른 결과 '삶은 꽃' 이라고 말할 수 있는 시인이 부럽다.

숲 속의 옹달샘은 근원이 중요하다. 웅덩이가 아무리 그럴듯해 보여도 부단히 샘솟는 근원이 없다면 곧 썩어서 말라버릴 것이다. 거기에 아무리 푸른 물감과 향수를 풀고 멋들어지게 장식을 해놓은들 죽은 샘이 살아나진 않을 테고 주변과 더불어 결국 악취 속에 썩어갈 것이다. 위장된 샘은 근원이 막혀 있지만 살아 있는 샘물은 감동의 근원이 있다. 그 샘의 근원은 삶의 진정성이다. 삶을 대하는 태도, 머리만이 아닌 살아가는 삶의 감동을 찾아내어 가슴을 적시는 생수의 근원이다. 따라서 어떤 형이상학이나 다른 이들의 이야기 이전에 자신의 일상에 기초한 성찰과 세계를 향한 시선의 진실성에서 울려 나오는 시를 지향할 때 진정한 감동을 담보할 수 있다.

이런 점에서 살펴본 바대로 노명희의 시적 방법론은 일상의 소소한 성찰과 감동을 자신만의 내러티브로 엮어 내는 것이다. 그것이 그의 솜씨이다. 그의 시는 과도하게 손질하지 않은 육성의 노래이다. 작곡법이나 기교나 악기에 너무 얽매이지 않은 삶의 진정성에 기초한 진실함과 순수함이 그가 피워 내는 생화의 화분이 된다. 그럼에도 그는 더욱 겸허한 자세로 시를 쓴다. 그렇게 가족, 이웃, 세계로 확장되는 시야를 확보한다. 그의 시는 민들레처럼 낮은 데서 피는 꽃이다. 향기가 화려하진 않아도 오래 그리고 멀리 퍼진다. 영양제를 살짝 뿌려주고 조금 더 가꾼다면 더 깊은 향기를 발산하리라 본다.

노명희 시인은 비록 거대한 운동은 아니지만 사람과 일상 속에서 작은 것들을 통해 생태와 생애의 소중함을 건져 올리는 시선과 마음을 지녔다. 인생과 문명의 명암이 어우러져 훌륭한 그림을 완성하게 되리라는 궁극적 낙관론에 기초한 그의 성찰은 웅숭깊다. 잿더미에서도 찾을 것이 있고 허물어진 담벼락에도 쓸 만한 벽돌이 남아 있듯이 우리 사회나 세계도 비관론을 넘어서는 작은 몸짓과 '너와 나 함께' 라는 연대가 있다면 일말의 '파란 희망' 을 버릴 수 없다. 전대미문의 전염병이 세계를 휘돌며 생채기를 내고 인간의 자아 각성을 추동하는 이 시대에 '삶은 꽃이다' 라는 노명희 시인의 아포리즘은 그의 시를 대하는 독자들 가슴에 오랫동안 생화로 피어 머무를 것이다. ▪